A AULA DE BALÉ

— Por favor? — Lilo implorou.

— De jeito nenhum, Lilo! — Nani respondeu.

— Prometo que ele vai se comportar! — Lilo insistiu.

— Oh, está certo! — Nani disse contrariada.

Lilo tinha importunado a sua irmã mais velha a manhã toda, implorando para que Nani lhe desse permissão para levar o seu bichinho de estimação, Stitch, à aula de dança.

Quando elas chegaram para a aula de dança, Nani deu um abraço na irmãzinha.

— Comportem– se! – ela disse.

— Você irá se comportar – Lilo disse para Stitch. – Sei que irá.

Algumas das meninas se afastaram quando Lilo e Stitch entraram e se sentaram.

— Muito bem – a professora de dança anunciou.

— O que você trouxe hoje, Lilo?

Lilo se levantou.

— Este é o meu cachorro. O nome dele é Stitch.

Eu o encontrei no canil.

— Ele é muito feio! – disse Myrtle.

— Não fale assim, Myrtle – a professora a repreendeu.

— Ele sabe apanhar as coisas? – Myrtle perguntou e jogou uma bexiga cheia de água na direção de Stitch!

Stitch apanhou a bexiga e jogou de volta para Myrtle.

– Não! – Lilo gritou, e se jogou na frente de Myrtle, e derrubou a menina sem querer. A bexiga cheia de água estourou e molhou ao redor!

– Oh, Lilo – a professora lamentou. – Acho que está na hora de você levar o seu bichinho para casa.

Lilo apanhou Stitch e saiu correndo. Lilo se sentou no meio-fio e Stitch também.

– Você nos meteu em confusão – Lilo disse. – Por que você jogou a bexiga de água em Myrtle?

Stitch rosnou.

– Ah, é claro, você não sabe brincar de apanhar as coisas. Como eu pude me esquecer? – Ela ficou pensativa. – Que tal brincarmos de jogar? É quase a mesma coisa, mas tem uma diferença importante. Apanhar é algo que você brinca com o seu bichinho de estimação e jogar é algo que você brinca com os seus amigos. Acho que você é mais meu amigo do que meu bichinho de estimação, Stitch.

Stitch balançou a cabeça animado e pegou uma bola. Lilo sorriu, e então os dois amigos passaram uma tarde muito divertida, brincando de jogar bola um ao outro.

UM GRANDE TREINADOR

Desde que Lilo havia voltado para a escola, Stitch não gostava muito dos dias da semana. Ele passava seu tempo esperando que Lilo voltasse para casa, e ficava muito empolgado quando escutava soar as três batidas do relógio, à tarde, e via Lilo descer do ônibus escolar.

O momento de brincar havia, enfim, chegado. Em geral, Lilo jogava sua mochila diante da porta e pulava em seu triciclo. Mas, naquele dia, Lilo não jogou sua mochila.

– Me desculpe, Stitch – ela disse. – A professora me falou que se eu não fizer as minhas lições, ela vai chamar Nani!

Lilo entrou em casa, tirou seus livros e se acomodou à mesa da sala de jantar para estudar. Stitch não entendia nada.

– Lições? – repetia ele. – O que é isso?

– As lições – ela explicou –, são problemas de matemática, um resumo de leitura e um monte de palavras, das quais eu tenho que aprender a ortografia para amanhã! Agora,

Stitch, seja bonzinho, vá lá fora!

Mas Stitch não pretendia deixar para lá. Um minuto mais tarde ele voltou com uma enorme cesta cheia de todas as figurinhas preferidas de sua amiga Lilo.

– Você está brincando! – disse Lilo. – Eu não tenho vontade de jogar super-heróis! Estou realmente ocupada.

No fim, tudo isso era deprimente! Mas Stitch amava os desafios. Ele saiu correndo. Desta vez, ele voltou vestido de rebatedor de beisebol, segurando um bastão, uma bola, assim como a luva de Lilo.

– Lançamento de bola! – ele gritou.

No começo, Lilo não se mexeu. Depois, ela balançou a cabeça.

– Não, Stitch – ela suspirou. – Se eu não começar a decorar essas palavras, não vou terminar tudo isso esta noite!

Stitch pensou por alguns instantes, depois
deixou de novo o cômodo, correndo.

Lilo escutou grandes batidas e barulhos de porta em seu quarto. Stitch parecia fazer uma baita bagunça! Mas ao menos ele lhe deixava um pouco sossegada!

E eis que, para a grande surpresa de Lilo, Stitch apareceu mais uma vez diante dela, com um livro de palavras cruzadas embaixo do braço.

– Lilo, você vai poder aprender brincando! – anunciou alegremente Stitch.

– Como não havia pensado nisso?! – disse Lilo. – Agora, Stitch, você vai me ajudar a fazer minhas lições!

ERA UMA VEZ O STITCH

– Era uma vez – Lilo leu.

– Espere – Stitch interrompeu.

– O que foi? – perguntou Lilo.

– Lanchinho – disse Stitch. Em seguida ele desceu da cama e saiu pela porta do quarto.

– É melhor que a Nani não escute você – Lilo alertou.

– Ela acha que já estamos dormindo.

Stitch parou no meio do corredor, ergueu as orelhas enormes e escutou.

– Nada de Nani – ele sussurrou.

Ele desceu a escadaria correndo até a cozinha.

– Refrigerante, abacaxi, picles, salada de repolho – Stitch recitou, espiando dentro da geladeira.

– Hummm, sanduíche de abacaxi com salada de repolho e picles... – Lilo surgiu na ponta dos pés atrás dele.

– Você não pode colocar tudo isso dentro de um sanduíche – ela sussurrou.

– AAAhhhhh! – Stitch gritou.

– Desculpe – Lilo sussurrou. – Não era minha intenção assustá-lo.

– O que está acontecendo aqui? – Nani interpelou ao entrar na cozinha como um foguete.

– Stitch quer um lanchinho – Lilo explicou.

– Não é hora para lanchinhos – Nani falou.

Ela fechou a porta da geladeira e acompanhou a dupla escada

acima. – É hora de ir para a cama.

    – Historinha – disse Stitch assim que subiu na cama e apanhou o livro. – Está na hora da historinha.

    – Por favor? – Lilo pediu. Ela e Stitch olharam para os imensos olhos castanhos de Nani, que suspirou e disse:

    – Está bem. Mas é melhor que seja uma bem curtinha.

    – Legal! – Stitch comemorou enquanto Nani também subia na cama.

    Depois que Nani se ajeitou entre Lilo e Stitch, Lilo abriu o livro e começou a ler:

    – Era uma vez um filhotinho triste chamado...

    – Stitch! – Stitch berrou.

Lilo prosseguiu:

    – Era uma vez um filhotinho triste chamado... Stitch. Ele estava triste porque tinha se perdido.

    – Perdido – Stitch repetiu.

Lilo passou o livro para Nani e disse:

    – É a sua vez.

    Então Nani começou a leitura:

    – Mas um dia, ele conheceu uma menininha chamada...

– Lilo – Lilo sussurrou.

Nani sorriu e continuou:

– Ele conheceu uma menininha chamada… Lilo.

Então Nani continuou lendo a história, até que chegou ao final.

– … e todos viveram felizes para sempre – Nani terminou, fechando o livro.

– Para sempre – Stitch murmurou, fechando os olhos.

– Para sempre – Lilo ecoou, fechando os olhos.

Nani esperou que dormissem, então desceu a escadaria para fazer um lanchinho. Talvez ela tenha comido um sanduíche de abacaxi com salada de repolho e picles!

CADÊ A XEPA?

Enquanto Lilo estuda, Stitch quer brincar com a Xepa, mas não consegue encontrá-la. Vamos ajudá-lo, cruzando o labirinto?

RESPOSTA

QUAL É A SOMBRA?

Stitch ama fazer poses e caretas, brincando de sombra na parede. Vamos ajudá-lo, ligando cada pose à sua sombra.

CAÇA-PALAVRAS

Observe as letras abaixo e encontre as palavras escondidas:
ANGEL - LILO - OHANA - NANI - XEPA - FAMÍLIA - STITCH

```
E E U W C A E R B F V Z U Y
R O H A N A J W U V D H N D
Q B Q X W A K G Q Y O U T Z
I G W V J L G J Q J W J N A
B A S F A M I L I A M G J O
V F U O V F L Q F F H L G S
M I H O O B M X D S P X M N
D A W F G X K D S D D Q I A
F J L S T I T C H C Q J Z N
N L M P C C H C K X E S P A
P I E P F N B I N Y Z N H R
B L H O D Q P E O N J A W K
L O H B P C O A P Z F S H D
P R V A N G E L B G G S M V
```

TROCA LETRAS

Que confusão! As letras com o nome de cada personagem ficaram embaralhadas... vamos ligar cada um ao seu nome e escrever do jeito certo embaixo?

VAMOS COLORIR

Stitch e Angel adoram dançar o hula-hula. Enquanto eles dançam, deixe esta cena bem bonita e colorida.

CONTANDO STITCHS

Stitch fez várias máscaras dele mesmo e espalhou no chão. Vamos contá-las?

Há ⬜ máscaras espalhadas

UM BELO CENÁRIO

O que Stitch está olhando? Desenhe e pinte
como quiser nesta página

HORA DE MODELAR!

Use os moldes abaixo e divirta-se criando objetos para Stitch e sua turma!